أبي

اللهم ارحم ابي واجعل المسك ترابه والحرير
فراشه واجعل قبره روضة من رياض الجنة
واغفر له وارحمه برحمتك يآارحم الراحمين

Publics concernés par cet eBook

Ce guide pas à pas peut intéresser plusieurs populations IT :

- DSI /RSSI ou encore Responsable Infrastructure
- Architecte Sécurité /Infrastructure
- Consultant Sécurité /Infrastructure
- Ingénieur Sécurité /Systèmes /Réseaux
- Administrateur Sécurité /Système /Réseau
- Technicien de Support /Système /Réseau /Sécurité
- Toute personne désirant planifier et mettre en place une politique de sécurité et de durcissement de son infrastructure RDS sous Windows Server 2012 R2.

Connaissances souhaitables

Aucune connaissance technique particulière n'est requise, en revanche les connaissances techniques suivantes sont souhaitables :

- Gestion et Administration de Windows Server 2008 R2, 2012 ou 2012 R2
- Conception, création et gestion des Objects de Stratégie de Groupe (GPO)

Contacter l'Auteur

Vos Feedbacks, commentaires et/ou questions techniques concernant ce guide peuvent être envoyés à l'adresse suivante : feedbacks@becomeitexpert.com

Vous pouvez :
- Suivre l'auteur sur Twitter : https://twitter.com/hicham_kadiri
- Se connecter avec lui sur LinkedIn : https://fr.linkedin.com/in/hichamkadiri
- Se connecter avec lui sur Viadeo : http://fr.viadeo.com/fr/profile/hicham.kadiri
- S'abonner à son Blog IT : https://hichamkadiri.wordpress.com

Livre indispensable sur RDS Windows Server 2012 R2

Ce guide pas à pas contient toutes les informations dont vous avez besoin pour concevoir, préparer, déployer et gérer une infrastructure RDS 2012 R2.
Il s'agit d'un « Best-Selling » qui a aidé plusieurs centaines d'IT à réussir des projets RDS de toute taille.

Ce Livre repose sur la mise en place
d'un projet RDS « Real-World » destiné à un
grand groupe européen et donc pour
plusieurs milliers d'utilisateurs distants.

Le format :: Broché :: est disponible
sur Amazon.com

Déploiement et Administration en Entreprise

Guide du Consultant

Hicham KADIRI
Architecte Infrastructure Microsoft
MVP Cloud & Datacenter Management

Livre de référence
Collection Expert-IT

Typographie

Dans ce document, la typographie suivante est utilisée:

 DECISION ou VALIDATION

 NOTE ou REMARQUE

 AVERTISSEMENT

 ACTION A FAIRE

 PARAMETTRE ou CONFIGURATION

TABLE DES MATIERES

Chapitre 1. Rappel sur RDS 2012 R2

RDS, qu'est-ce que c'est ?

Anciennement appelé **TSE** (**T**erminal **Se**rvices), **RDS** (**R**emote **D**esktop **S**ervices) appelé aussi Services Bureau à distance, est un rôle natif dans Windows Server 2012 R2.

Il s'agit d'un ensemble de services permettant à un ou plusieurs utilisateurs d'accéder <u>simultanément</u> à des Applications publiées (Programmes RemoteApp), Bureaux Windows (Sessions Bureau à distance) ou encore à des postes de travail virtuels (VDI), et ce via le réseau local d'entreprise ou Internet.

Ces ressources sont accessibles via le client RDP (**R**emote **D**esktop **P**rotocol) et peuvent être distribuées via :

- Un Portail Web (personnalisable)
- Raccourcis RDP placés sur le Bureau Windows des Postes de travail
- Déploiement /intégration dans le Menu Démarrer ou l'Interface UI (Ecran d'accueil depuis Windows 8)
- Application « **Bureau à distance** » disponible dans Windows Store

La solution RDS est composée de 6 services de rôles :

- Hôte de Session Bureau à distance
  (**RD SH**: **R**emote **D**esktop **S**ession **H**ost)
- Hôte de Virtualisation des Services Bureau à Distance: depuis Windows Server 2008 R2
  (**RD VH**: **R**emote **D**esktop **V**irtualization **H**ost)
- Gestionnaire de licences des Services bureau à Distance
  (**RD LS**: **R**emote **D**esktop **L**icensing **S**erver)
- Service Broker pour les connexions Bureau à Distance
  (**RD CB**: **R**emote **D**esktop **C**onnection **B**roker)
- Passerelle des Services Bureau à distance
  (**RDG**: **R**emote **D**esktop **G**ateway)
- Accès Bureau à distance par le Web
  (**RD WA**: **R**emote **D**esktop **W**eb **A**ccess)

Le lecteur est invité à retenir les termes cités ci-dessus (RDSH, RDVH, RDWA, RDCB, RDG et RDLS) plutôt que les noms complets des services de rôles. Ces termes seront utilisés pour faciliter la lecture de ce guide.

Nouveautés RDS 2012 R2

La nouvelle version de la solution RDS introduite avec Windows Server 2012 R2 apporte tout un lot de nouveautés, notamment :

- **Session Shadowing** : grâce à ce nouveau mode, les Administrateurs et/ou Ingénieurs IT peuvent désormais assister et dépanner les utilisateurs Bureau à distance en prenant le contrôle de leurs sessions Bureau à distance.
- **RDSH Upgrade-In-Place** : Le serveur Hôte de la session peut désormais être mise à niveau en lieu et place.
- **Support d'un serveur Hôte de Session sur un DC** : Avec RDS 2012 R2, un serveur Hôte de Session Bureau à distance peut être déployé sur un Contrôleur de domaine. Le but étant de réduire le nombre de serveurs dédiés à l'infrastructure RDS en exploitant les serveurs existants et de permettre aux entreprises de petite et moyenne taille (TPE/PME) de bénéficier des fonctionnalités de la solution RDS.
- **Délais de reconnexion** : de nouvelles fonctions de reconnexions des sessions Bureau à distance sont intégrées dans la solution RDS 2012 R2. Le délai de reconnexion à une session Bureau à distance existante est de +- 10 secondes, celui-ci était de 60 voire 70 secondes sous les anciennes versions.

La liste complète des « What's New » de RDS 2012 R2 est disponible à l'URL ci-après :

http://blogs.msdn.com/b/rds/archive/2013/07/09/w
hat-s-new-in-remote-desktop-services-for-windows-
server-2012-r2.aspx

Terminologie RDS 2012 R2

Les termes techniques liés à la technologie RDS sont détaillés dans le tableau ci-après :

Terme	Description
RDS	Remote Desktop Services
RDP	Remote Desktop Protocol
TSE	Terminal Services
RD	Remote Desktop
RDC	Remote Desktop Connection
RDSH	Remote Desktop Session Host
RDCB	Remote Desktop Connection Broker
RDWA	Remote Desktop Web Access
RDLS	Remote Desktop Licensing Server
RDVH	Remote Desktop Virtualization Host
RDG	Remote Desktop Gateway
RDG CAP	RDG Connection Access Policy
RDG RAP	RDG Resource Access Policy
CAL	Client Access License
VDI	Virtual Desktop Infrastructure
NLA	Network Level Authentication
MSI	Microsoft Installer Package
AD DS	Active Directory Domain Services
APP-V	Application Virtualization
SSL	Secure Sockets Layer
TLS	Transport Layer Socket
SCVMM	System Center Virtual Machine Manager
VMM	Virtual Machine Manager
UPD	User Profile Disks
WSRM	Windows System Resource Manager
DFSS	Dynamic Fair Share Scheduling
GPO	Group Policy Objects
GPMC	Group Policy Management Console
GPEDIT	Group Policy Editor
SQL DB	SQL DataBase
SSMSE	SQL Server Management Studio Express

RDS HA	Remote Desktop Services High Availability
RemoteApp	Remote Application
SSO	Single Sign-On
NLB	Network Load Balancing

Architecture RDS 2012 R2

Dans une architecture RDS standard, les différents composants cités ci-dessus sont répartis de la manière suivante :

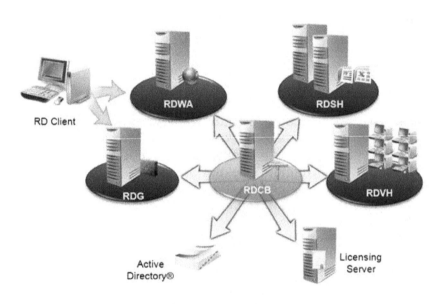

Architecture d'une infrastructure RDS (2008 R2 et ultérieur)

Ce que vous devez connaître

Certaines limitations liées aux Services Bureau à distance par rapport aux Editions Windows Server existent.

En effet, l'ensemble des Services Bureau à distance ne sont présents que sur les Editions Datacenter, Standard et Foundation.

L'édition Essentials inclut uniquement le service de rôle « Passerelle RDS » avec certaines limitations, voir le tableau ci-après pour en savoir plus :

Composant	Datacenter	Standard	Essentials	Foundation
RDG	✔	✔	❗ (1)	❗ (2)

✔ : Présent /Complet | ❗ : Présent /Restreint

(1) : La passerelle RDS est installée /configurée automatiquement. Les autres services de rôles ne sont pas supportés.

(2) : Nombre de connexions à la passerelle RDS est limité à 50 connexions.

Chapitre 2. Sécuriser votre infrastructure RDS 2012 R2

Introduction

Différents niveaux et technologies de sécurité peuvent être implémentés pour sécuriser et protéger votre infrastructure RDS 2012 R2.

Vous pouvez utiliser des certificats SSL pour authentifier vos serveurs RDSH, RDWA, RDCB ou encore RDG. Un certificat SSL permet de vérifier l'identité du serveur distant et de s'assurer que les informations d'authentification communiquées lors de la connexion Bureau à distance ne soient pas envoyées sur un « faux » serveur RDS ou un programme malveillant.

De plus, pour éviter toute interception et récupération des données RDP échangées entre le client et le serveur RDSH, un chiffrement renforcé basé sur une clé 128 bits peut être implémenté, ce qui permet de garantir un niveau d'Encryption élevé des données envoyées depuis et vers le serveur RDSH.

Ce chapitre détaille toutes les options, fonctionnalités et technologies de sécurité pris en charge par la solution RDS 2012 R2 et montre comment les implémenter au sein de votre S.I afin de vous protéger contre les menaces et attaques informatiques ciblant le rôle RDS et tous ses services associés.

Niveaux de sécurisation RDS 2012 R2

La sécurisation d'une infrastructure RDS 2012 R2 dans son intégralité implique la sécurisation des deux couches suivantes :

⇨ Sécurisation de l'environnement Utilisateur RDS
⇨ Sécurisation des connexions et données RDP

Sécurisation de l'environnement Utilisateur RDS

Ce niveau de sécurisation comprend les configurations suivantes :

- Sécuriser l'accès au serveur RDSH : Lockdown mode
- Empêcher les utilisateurs d'exécuter des Applications indésirables

Sécuriser l'accès au serveur RDSH

Quel que soit le type de ressources publiées sur une Collection de Session (Programme RemoteApp ou Bureau Windows), un utilisateur Bureau à distance peut ouvrir une Session Bureau à distance sur tous les serveurs RDSH faisant partie de la Collection à laquelle il a accès.

En effet, l'accès aux Programmes RemoteApp donne automatiquement le droit d'ouvrir des Sessions Bureau à distance.

Aujourd'hui, les entreprises exigeant un niveau de sécurité élevé de leur S.I, n'acceptent pas qu'un utilisateur RDS « **Lambda** » puisse voir et naviguer entre les différentes partitions et disques du serveur RDSH distant.

Sachez qu'en tant qu'Administrateur ou Responsable de la plateforme RDS, vous pouvez mettre en place et configurer un certain nombre de paramètres pour verrouiller les serveurs RDSH du déploiement et sécuriser au maximum l'accès à ceux-ci.

Pour remédier à ce problème de sécurité, certains paramètres de stratégie de groupe peuvent être configurés pour restreindre l'accès à la plupart des options et composants des serveurs RDSH du déploiement, notamment :

- Restreindre la redirection des ressources et périphériques
- Restreindre la redirection des imprimantes
- Restreindre l'accès au Panneau de configuration
- Restreindre l'installation des Pilotes d'imprimantes
- Restreindre l'accès au Registre
- Restreindre l'accès aux Mises à jour automatiques de Windows
- Restreindre l'accès au Menu Démarrer et aux options Réseau
- Cacher les icones du Bureau
- Restreindre l'accès au Lecteur CD et Lecteur de Disquette
- Restreindre l'accès aux lecteurs locaux
- Restreindre l'accès à l'Invite de commande
- Restreindre l'accès au Gestionnaire des Tâches
- Restreindre l'accès à la base de Registre (BDR)
- Restreindre l'accès aux commandes : Arrêter, redémarrer le serveur...

Le Hardening d'OS Server hébergeant le service de rôle RDSH peut se faire via l'utilisation /configuration des paramètres de stratégies de groupes détaillés ci-après :

⇨ <u>Restreindre la redirection des ressources et périphériques</u>

La restriction de la redirection des ressources et périphériques locaux peut être configurée au niveau de :

- Configuration Ordinateur | Stratégies | Modèles d'Administration | Composants Windows | Services Bureau à distance | Hôte de la session Bureau à distance | Redirection de périphérique et de ressource

⇨ Restreindre la redirection des imprimantes

La restriction de la redirection des imprimantes peut être configurée au niveau de :

- Configuration Ordinateur | Stratégies | Modèles d'Administration | Composants Windows | Services Bureau à distance | Hôte de la session Bureau à distance | Redirection de l'imprimante

⇨ Restreindre l'accès au Panneau de configuration

La restriction de l'accès au panneau de configuration peut être configurée au niveau de :

- Configuration Utilisateur | Stratégies | Modèles d'Administration | Panneau de Configuration

  o Paramètre : **Interdire l'accès au Panneau de Configuration et à l'application Paramètres du PC**

⇨ Restreindre l'installation des Pilotes d'imprimantes

La restriction de l'installation des pilotes d'imprimantes peut être configurée au niveau de :

- Configuration Ordinateur | Stratégies | Paramètres Windows | Paramètres de Sécurité | Stratégies locales | Options de Sécurité

  o Paramètre : **Périphériques : empêcher les utilisateurs d'installer les Pilotes d'imprimantes**

⇨ Restreindre l'accès au Registre

La restriction de l'accès au Registre peut être configurée au niveau de :

- Configuration Utilisateur | Stratégies | Modèles d'Administration | Système o   Paramètre : **Empêcher l'accès aux outils de modification du Registre**

⇨ Restreindre l'accès aux Mises à jour automatiques de Windows

La restriction de l'accès aux Mises à jour Windows peut être configurée au niveau de :

-   Configuration Utilisateur | Stratégies | Modèles d'Administration | Système

    o   Paramètre : **Mises à jour automatique Windows**

⇨ Restreindre l'accès au Menu Démarrer et aux options Réseau

La restriction de l'accès au Menu Démarrer et options Réseau peut être configurée au niveau de :

-   Configuration Utilisateur | Stratégies | Modèles d'Administration | Menu Démarré et barre des tâches

    o   Paramètres : **désactiver les paramètres qui répondent à votre besoin !**

⇨ Cacher les icones du Bureau

Les icônes du Bureau peuvent être cachées au niveau de :

-   Configuration Utilisateur | Stratégies | Modèles d'Administration | Bureau

    o   Paramètres :
        **Masquer et désactiver tous les éléments du Bureau
        Supprimer Poste de travail du Bureau**

⇨ Restreindre l'accès au Lecteur CD et Lecteur de Disquette

La restriction de l'accès au lecteur CD et Disquette peut être configurée au niveau de :

- Configuration Ordinateur | Stratégies | Paramètres Windows | Paramètres de Sécurité | Stratégies locales | Options de Sécurité

  o Paramètres :
    - Périphériques : Autoriser l'accès au CD-ROM uniquement aux utilisateurs ayant ouvert une session localement
    - Périphériques : ne permettre l'accès aux disquettes qu'aux utilisateurs connectés localement

⇨ Masquer les lecteurs locaux du serveur RDSH

Pour masquer les lecteurs locaux d'un serveur RDSH, le paramètre de stratégie de groupe suivant est à configurer :

- Configuration Utilisateur | Modèles d'Administration | Composants Windows | Explorateur de fichiers

  o Paramètre : **Dans Poste de travail, masquer ces lecteurs spécifiés**

⇨ Restreindre l'accès aux boutons « Arrêter, Redémarrer ... »

La restriction de l'accès aux boutons Arrêter, redémarrer ... peut être configurée au niveau de :

- Configuration Utilisateur | Stratégies | Modèles d'Administration | Menu Démarrer et barre des tâches

    o Paramètre : **Supprimer et empêcher l'accès aux commandes Arrêter, Redémarrer, Mettre en veille et Mettre en veille prolongée**

⇨ Restreindre l'accès au Menu « Exécuter »

La restriction de l'accès au menu « Exécuter » peut être configurée au niveau de :

- Configuration Utilisateur | Stratégies | Modèles d'Administration | Menu Démarrer et barre des tâches

  o Paramètre : **Supprimer le menu Exécuter du menu Démarrer**

⇨ Restreindre l'accès à l'Invite de commande

La restriction de l'accès à l'Invite de commande (cmd.exe) peut être configurée au niveau de :

- Configuration Utilisateur | Stratégies | Modèles d'Administration | Système

  o Paramètre : **Désactiver l'accès à l'Invite de commande**

⇨ Restreindre l'accès au Gestionnaire des Tâches

Cette restriction peut être configurée au niveau de :

- Configuration Utilisateur | Stratégies | Modèles d'Administration | Système | Options Ctrl+Alt+Suppr

  o Paramètre : **Supprimer le Gestionnaire des tâches**

⇨ Désactiver le lancement automatique du « Gestionnaire de Serveur »

Cette restriction peut être configurée au niveau de :

- Configuration Ordinateur | Stratégies | Modèles d'Administration | Système | Gestionnaire de Serveur

  o Paramètre : **Ne pas afficher automatiquement le Gestionnaire de serveur à l'ouverture de session**

⇨ Restreindre l'accès aux « Outils d'Administration »

Cette restriction peut être configurée au niveau de :

- Configuration Ordinateur | Stratégies | Paramètres Windows | Paramètres de sécurité | Stratégies Locales | Options de sécurité | Système de fichiers

  o Valeur :
  %AllUsersProfile%\Microsoft\Windows\Start Menu\Programs\Administrative Tools

⇨ Restreindre l'accès à « Windows PowerShell »

Cette restriction peut être configurée au niveau de :

- Configuration Ordinateur | Stratégies | Paramètres Windows | Paramètres de sécurité | Stratégies Locales | Options de sécurité | Système de fichiers

  o Valeur :
  %AllUsersProfile%\Microsoft\Windows\Start Menu\Programs\System Tools\Windows PowerShell.lnk

⇨ Restreindre l'accès au raccourci 'Gestionnaire de Serveur'

Cette restriction peut être configurée au niveau de :

- Configuration Ordinateur | Stratégies | Paramètres Windows | Paramètres de sécurité | Stratégies Locales | Options de sécurité | Système de fichiers

  o Valeur :
  %AllUsersProfile%\Microsoft\Windows\Start Menu\Programs\Administrative Tools\Server Manager.lnk

⇨ Restreindre l'accès à tous les disques amovibles

Cette restriction peut être configurée au niveau de :

- Configuration Utilisateur | Stratégies | Modèles
  d'Administration | Système | Accès au stockage amovible

  - Paramètre : **Toutes les classes de stockage amovible
    : refuser tous les accès**

Restreindre l'exécution des Applications indésirables

Certaines applications sont jugées « indésirables », vous
pouvez bloquer le lancement et l'exécution de celles-ci par les
utilisateurs Bureau à distance.

Deux paramètres de Stratégies de groupes peuvent être
configurés pour mettre en place ce type de restriction, et ce
au niveau :

- Configuration Utilisateur | Stratégies | Modèles
  d'Administration | Système
  - Paramètres :
    **-Ne pas exécuter les applications Windows
    spécifiées
    -Exécuter uniquement les applications Windows
    spécifiées**

Les Stratégies de Restrictions Logicielles
(SRP : Software Restriction Policies) fournies
avec Windows Server 2012 R2 peuvent être
implémentées pour définir une « Whitelist »
contenant la liste des Programme
(RemoteApp) autorisés.

Suivez les instructions ci-après pour
configurer les stratégies SRP pour les
serveurs RDSH. Notez que la GPO contenant
les SRP doit être appliquée aux serveurs
RDSH uniquement.

Lancez l'outil GPMC.msc et naviguez jusqu'au :

- Configuration Ordinateur | Stratégies | Paramètres Windows | Paramètres de sécurité | Stratégies de restriction logicielles

Faites un clic-droit sur le conteneur « **Stratégies de restriction logicielle** » et sélectionnez « **Nouvelles stratégies de restriction logicielle** »

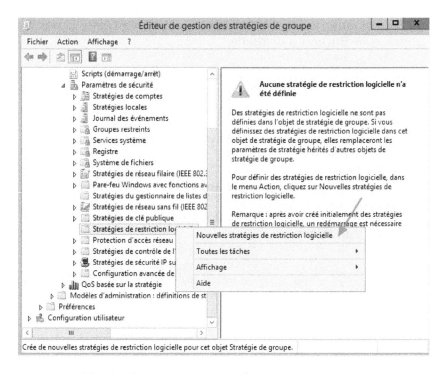

Un ensemble de dossiers et paramètres est automatiquement généré, double-cliquez sur « **Contrôle obligatoire** » et veillez à bien cocher l'option « **Tous les utilisateurs exceptés les administrateurs locaux** ». Cela évitera une restriction logicielle pour les Admins du domaine qui sont automatiquement « Administrateurs locaux » des serveurs RDSH :

Les SRPs s'appuient sur un service Windows nommé « **Identité de l'application** ». Lors de l'ouverture de session, le service Identité de l'application est appelé pour vérifier la liste des Apps autorisées à s'exécuter en fonction des informations d'authentification de l'utilisateur connecté. Ce service doit être configuré avec un mode de démarrage « **Automatique** ». S'il est arrêté, les stratégies SRPs ne sont pas appliquées et les utilisateurs RDS peuvent à tout moment lancer et exécuter toute application installée sur le(s) serveur(s) RDSH. Pour définir un démarrage « Automatique » du service « Identité de l'application », naviguez jusqu'au :

Configuration Ordinateur | Stratégies | Paramètres Windows | Paramètres de sécurité | Services système | Identité de l'application

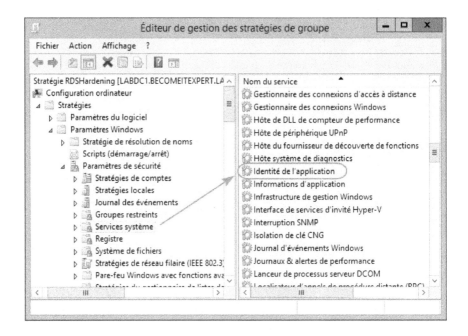

Double-cliquez sur le service, cochez « **Définir ce paramètre de stratégie** » et sélectionnez **Automatique :**

La fonctionnalité AppLocker fournit avec Windows Server 2012 R2 vous permet également de configurer des stratégies et des règles d'exécution d'Applications par les utilisateurs du réseau.

Le principal outil (graphique) d'implémentation et de gestion des Stratégies et Règles AppLocker est l'Editeur de Stratégie de Groupe. Voir images suivantes :

Configuration Ordinateur | Stratégies | Paramètres Windows | Paramètres de sécurité | Stratégies de contrôle de l'application | **AppLocker**

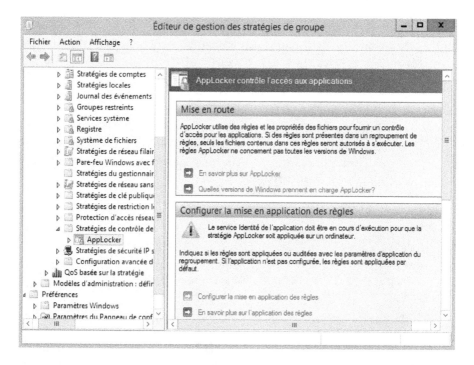

Un guide pas à pas traitant la conception et l'implémentation d'une infrastructure AppLocker sous Windows Server 2012 R2 est disponible sur BecomeITExpert.com

Limiter l'accès à vos Collections RDS

Une bonne pratique consiste à limiter l'accès à la Collection RDS (Session ou Bureaux Virtuels) regroupant vos serveurs RDSH ou RDVH.

En effet, le groupe « Utilisateurs du domaine » est défini (autorisé) par défaut sur toute Collection RDS nouvellement créée. Cela donne accès aux ressources RDS publiées à tout utilisateur du domaine disposant un login et mot de passe valide dans votre annuaire Active Directory.

Faites donc le listing des utilisateurs et groupes d'utilisateurs devant être autorisés à y accéder et définissez les au niveau de la Collection, pour ce faire :

- Editez les propriétés de la Collection
- Rendez-vous dans le volet **Groupes d'utilisateurs**
- Supprimez le groupe de sécurité défini par défaut « Utilisateurs du domaine » et ajoutez le ou les groupes à autoriser

Sécuriser les connexions et données RDP

Authentifier vos Serveurs de déploiement RDS

Afin d'approuver les serveurs RDSH distants et vérifier leurs identités lors de l'authentification des utilisateurs Bureau à distance, vous devez configurer la couche de sécurité utilisée sur votre collection RDS et la définir à : SSL (TLS 1.0).

Ce paramètre vous permet de forcer l'utilisation du certificat SSL pour protéger les informations d'authentifications communiquées par vos utilisateurs distants à l'aide d'un algorithme **HMAC** (Keyed-**H**ashing for **M**essage **A**uthentication **C**ode).

Par défaut, la couche de sécurité est définie à « **Négocier** » :

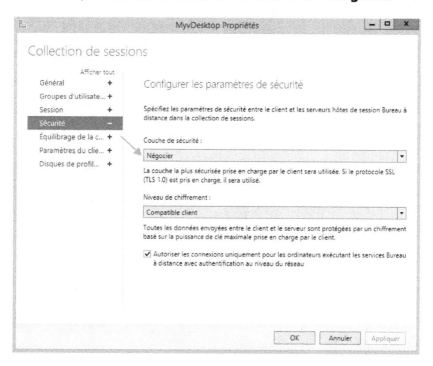

Le mode « Négocier » applique la méthode la plus sécurisée qui est prise en charge par le client distant. Si la couche TLS V1.0 est prise en charge, elle sera utilisée pour authentifier le serveur RDSH. Si TLS n'est pas pris en charge, le chiffrement RDP natif est utilisé pour sécuriser les communications, en revanche, le serveur RDSH n'est pas authentifié.

Pour définir la couche de sécurité à « SSL (TLS 1.0) », éditez les propriétés de la Collection regroupant vos serveurs RDSH, cliquez sur « **Sécurité** » et sélectionnez « **SSL (TLS 1.0)** » comme valeur du paramètre « **Couche de sécurité** ».

Ce paramètre peut également être configuré via GPO, il est accessible au niveau de :

Configuration Ordinateur | Stratégies | Modèles d'Administration | Composants Windows | Services Bureau à distance | Hôte de la session Bureau à distance | Sécurité

Paramètre : **Nécessite l'utilisation d'une couche de sécurité spécifique pour les connexions distantes (RDP)**

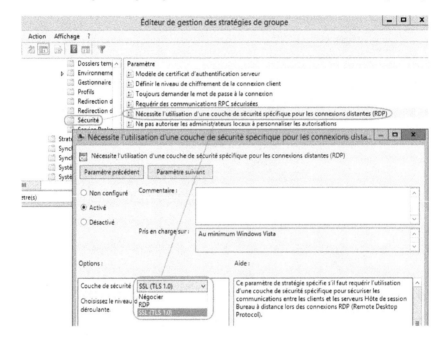

Pour authentifier les serveurs RDSH, il est fortement recommandé d'utiliser la couche de sécurité « SSL (TLS 1.0) ».

Si vos clients distants ne prennent pas en charge le protocole TLS, la connexion Bureau à distance échoue ! Pensez à vérifier ce prérequis au préalable.

Chiffrer les données RDP

Pour protéger les données envoyées et reçues entre les serveurs RDSH et les clients distants, vous devez utiliser un niveau de chiffrement « **Élevé** », ce paramètre doit être configuré au niveau de vos collections RDS. Il s'agit d'un mode de chiffrement renforcé basé sur une clé 128bits (niveau maximal). De plus, ce niveau de sécurité permet le chiffrement des données dans les deux sens :

- Données transférées depuis le client vers le serveur
- Données transférées depuis le serveur vers le client

Pour activer ce niveau de chiffrement, éditez les propriétés de la Collection regroupant vos serveurs RDSH, cliquez sur « **Sécurité** » et sélectionnez ensuite « **Élevé** » comme valeur du paramètre « **Niveau de chiffrement** » :

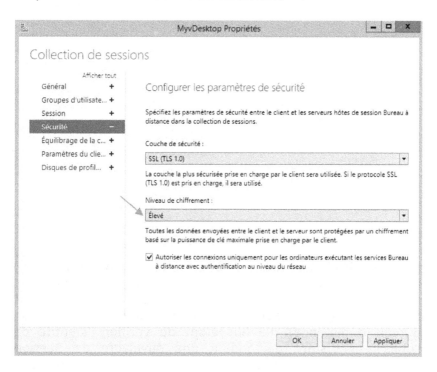

Ce paramètre peut également être configuré via GPO, il est accessible au niveau de :

Configuration Ordinateur | Stratégies | Modèles d'Administration | Composants Windows | Services Bureau à distance | Hôte de la session Bureau à distance | Sécurité

Paramètre : **Définir le niveau de chiffrement de la connexion client**

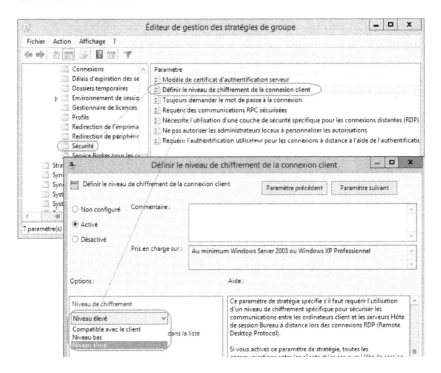

Utiliser l'authentification NLA

L'authentification **NLA** (**N**etwork **L**evel **A**uthentication) permet au serveur RDSH de vérifier et valider les informations d'authentification communiquées par le client distant avant de créer son environnement RDS (Session Bureau à distance). Le but étant de vérifier l'identité de l'utilisateur distant demandant une ouverture de Session avant de créer sa session et lancer tous les processus associés.

De plus, ce mode d'authentification offre une couche de défense contre les attaques par Déni de Service (**DoS** : **D**enial **of S**ervice).

L'authentification NLA est basée sur le protocole **CredSSP** (**Cred**ential **S**ecurity **S**upport **P**rovider), il s'agit d'un prérequis qui doit être pris en charge par les postes clients RDS. CredSSP permet au client RDC (MSTSC.exe) d'utiliser le fournisseur de services sécurisés côté client afin de transmettre les informations d'authentification utilisateur à partir de l'ordinateur client vers le serveur cible.

Le couple NLA/CredSSP s'appuie sur l'Active Directory pour valider les informations d'identification des utilisateurs Bureau à distance. Au moins un DC doit être joignable lors de la connexion Bureau à distance, sinon celle-ci échoue [Accès refusé]

Notez que l'authentification NLA est activée par défaut sur toute Collection RDS (Session ou VDI) nouvellement créée.

Vous pouvez éditer les propriétés de la Collection regroupant vos serveurs RDSH, cliquez sur « **Sécurité** » et vérifiez l'activation (par défaut) de l'authentification NLA :

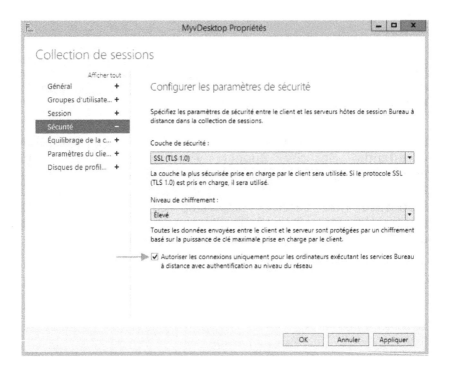

Ce paramètre peut également être configuré via GPO, il est accessible au niveau de :

Configuration Ordinateur | Stratégies | Modèles d'Administration | Composants Windows | Services Bureau à distance | Hôte de la session Bureau à distance | Sécurité

Paramètre : **Requérir l'authentification utilisateur pour les connexions à distance à l'aide de l'authentification au niveau du réseau**

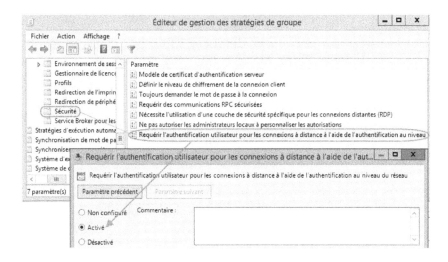

Modifier le port RDP par défaut (3389 TCP)

Par défaut, une machine Windows (Client ou Server) sur laquelle les connexions Bureau à distance ont été activées /autorisées, écoute sur le port 3389 (TCP), ce dernier correspond au protocole RDP (Remote Desktop Protocole).

Pour le constater, ouvrez une Session (locale) sur une machine (Physique ou Virtuelle) ayant le RDP activé, lancez l'invite de commande (CMD.exe) en tant qu'Administrateur et saisissez **NetStat -a**, enfin notez l'existence du port d'écoute 3389 :

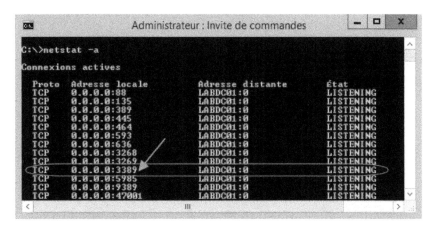

L'utilisation du port par défaut (3389 :: TCP) présente plusieurs vulnérabilités au sein d'un S.I et offre aux Hackers la possibilité d'effectuer plusieurs types d'attaques, notamment :

- Attaque par Brute-Force
- Attaque par DoS (**D**enial **o**f **S**ervice)
- Attaque par MITM (**M**an-**I**n-**T**he-**M**iddle)

En effet, tous les hackers qui s'en prennent aux connexions RDP s'appuient sur le port 3389 pour provoquer un DoS ou brute-forcer une machine Windows.

Prenons l'exemple de la vulnérabilité MS12-020 qui a été détectée dans le protocole RDP, elle permet un déni de service (DoS) via l'utilisation du port 3389.

Il est donc fortement recommandé de changer le port RDP par défaut [TCP : 3389] et en définir un autre « Personnalisé ». Vous pouvez utiliser un numéro de port situé entre 1025 et 65535

Dans notre l'exemple suivant, le port 9933 sera configuré.

HowTo : changer le port RDP par défaut

Le port RDP par défaut peut être changé via :

Le Registre (BDR : Base De Registre)

Suivez les instructions suivantes pour changer le port RDP par défaut via le Registre :

- Lancez l'outil **RegEdit.exe** (depuis le Menu Démarrer /Exécuté ou Welcome Screen)
- Naviguez jusqu'au : **HKLM\SYSTEM\CurrentControlSet\Control\Termi nal Server\WinStations\RDP-Tcp**
- Localisez et éditez la clé DWORD « **PortNumber** »
- Enfin, définissez un nouveau port (**Base > Décimale**)
-

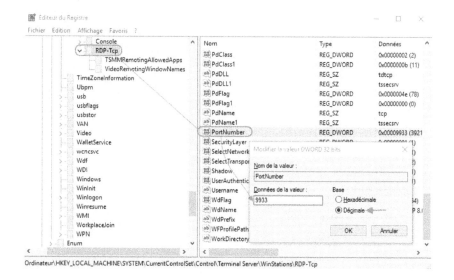

Objets de Stratégie de groupe (GPO)

Suivez les instructions suivantes pour changer le port RDP par défaut via GPO :

Suivez les instructions suivantes pour changer le port RDP par défaut via le Registre :

- Créez une nouvelle GPO ou éditez une GPO existante, naviguez ensuite jusqu'au : **Configuration Ordinateur | Préférences | Paramètres Windows**

- Faites un clic-droit sur « **Registre** » et sélectionnez « **Elements Registre** »

- Remplissez les champs comme suit :

- Liez votre GPO aux OUs contenant les objets AD « Ordinateurs » correspondant à vos serveurs RDSH.

- Enfin, lancez un GpUpdate.exe depuis un serveur sur lequel la GPO a été linkée et notez le changement.

Script PowerShell

Suivez les instructions suivantes pour changer le port RDP par défaut via Script PowerShell :

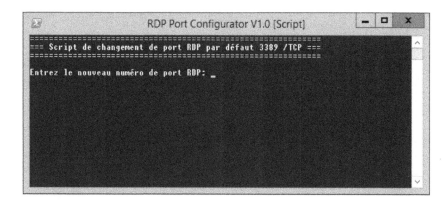

Un script PowerShell a été développé par mes soins et uploadé sur la Gallery TechNet > Scripts Center.

Il vous permet de changer le numéro de port RDP par défaut en deux clics, il suffit de l'exécuter, renseigner le nouveau numéro de port RDP et valider le changement en cliquant sur la touche « Entrée » du clavier.

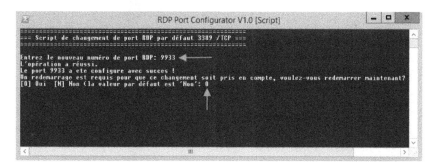

Ce script est téléchargeable à l'URL suivante :

http://urlz.fr/4zBW

Outil « RDP Port Configurator »

RDP Port Configurator est un outil gratuit (exécutable) qui vous permet de changer le port RDP par défaut via une interface graphique simplifiée :

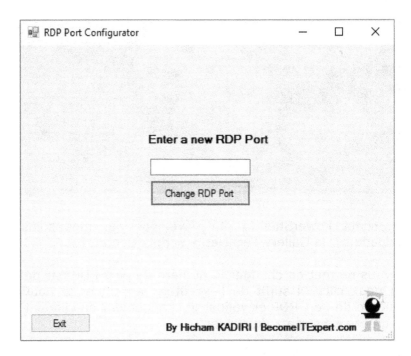

Il est disponible en téléchargement gratuit sur le site
https://becomeitexpert.com > rubrique « **TOOLBOX** ».

Notez que le changement de port RDP par défaut nécessite
un redémarrage de votre machine. Si vous devez apporter
ce changement sur une ou plusieurs machines de
production, pensez à planifier cette opération et surtout le
« Downtime » qui aura lieu lors du redémarrage de la
machine.

Enfin, quand vous utilisez un port autre que le 3389 pour les
connexions Bureau à distance, vous devez le spécifier après
l'adresse (IP ou Hostname) de l'ordinateur distant, dans
notre cas la connexion bureau à distance se fait sur
Nom_Serveur_RDS:9933

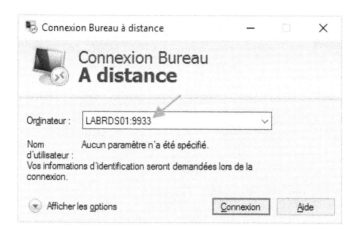

Liste complète des paramètres GPO liés à RDS

Si nécessaire, d'autres paramètres de stratégies de groupe liés à RDS peuvent être activés et configurés et ce via l'arborescence suivante :

Configuration Ordinateur | Stratégies | Modèles d'Administration | Composants Windows | Services Bureau à distance

Configuration Utilisateur | Stratégies | Modèles d'Administration | Composants Windows | Services Bureau à distance

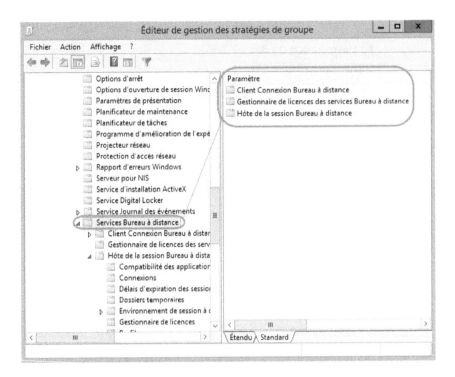

Auditer les connexions Bureaux à distance

Par défaut, toutes les connexions Bureau à distance (réussies et échouées) sont auditées et remontées au niveau de l'Observateur d'événements (EventVwr.msc).

Le Serveur RDCB collecte et écrit directement les événements dans le journal suivant :

*Journaux des applications et des services > Microsoft > Windows > TerminalServices-SessionBroker > **Opérationnel***

Dans l'exemple suivant, l'utilisateur « jdeo : John DEO » s'est connecté (avec succès) sur le serveur Hôte de Session « LABRDS01 » faisant parti du domaine vLAB.lan

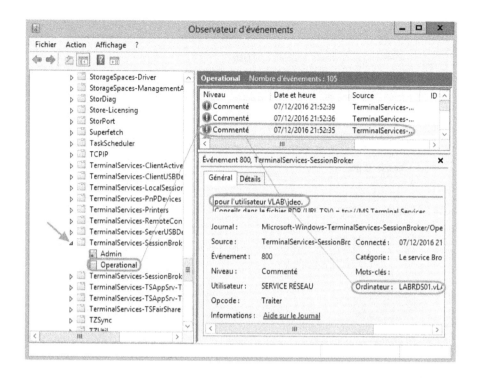

Protection contre les attaques « Brute-force »

RDP Defender est une sorte de Pare-feu (Firewall) RDP. Il s'agit d'un outil puissant capable de détecter toute tentative d'intrusion de type « Brute-Force » et bloquer les adresses IP dont le nombre de tentatives de connexions dépasse celui spécifié dans les paramètres. RDP Defender vous permet également de définir une liste-blanche (Whitelist) en saisissant les adresses IP autorisées, enfin il fournit un log détaillé des tentatives de connexions échouées, que vous pouvez consulter à tout moment.

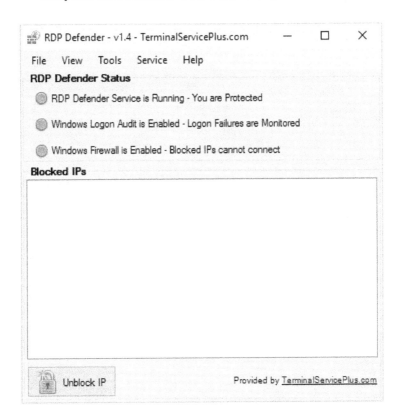

Dans l'exemple suivant, RDP Defender a été déployé et exécuté sur une de mes VMs hébergées sur Microsoft Azure.

Elle est accessible (via réseau public) sur le port par défaut 3389, après 24 heures d'exécution, RDP Defender a déjà empêché une dizaine d'attaque Brute-force, voir la liste d'adresses IP « Blacklistées » suivante :

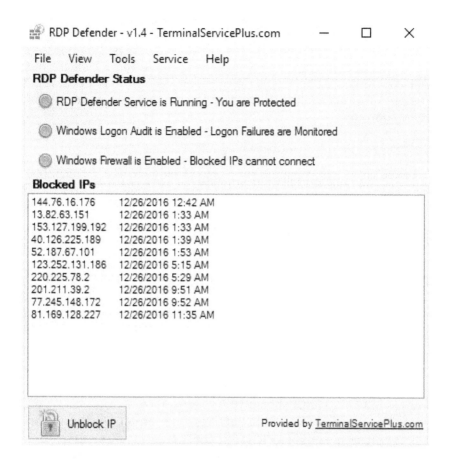

Pour conclure, cet outil est une réelle protection contre les tentatives d'attaques RDP.

Il est téléchargeable gratuitement à l'URL ci-après :

https://becomeitexpert.com/toolbox/RDPDefender.zip

L'outil RDP Defender doit être installé et exécuté (en permanence) sur chaque serveur RDSH du déploiement.

Contrôler les Sessions Bureau à distance

L'une des grandes nouveautés de RDS 2012 et 2012 R2 est l'introduction du mode « **Session Shadowing** », ce dernier permet aux IT assurant le support RDS aux utilisateurs distants de surveiller et contrôler leurs sessions pour pouvoir les dépanner.

Le mode « Session Shadowing » est accessible via :

> ▣ Le Gestionnaire de Serveur
> ▣ L'outil MSTSC.exe

Surveiller ou Contrôler une Session RDS avec le Gestionnaire de Serveur

- Commencez par lancer un Programme RemoteApp ou ouvrir une Session Bureau à distance sur un des serveurs RDSH du déploiement. Le but est d'avoir une session active sur la Collection pour pouvoir la surveiller ou contrôler par la suite.
- Lancez le Gestionnaire de Serveur et cliquez sur « **Services Bureau à distance** »
- Cliquez ensuite sur votre Collection
- Toutes les Sessions actives sur la Collection sont affichées sous « **CONNEXIONS** »
- Faites un clic-droit sur la Session à surveiller ou à contrôler et sélectionnez « **Cliché instantané** »
- La boite de dialogue suivante s'affiche, sélectionnez « **Afficher** » pour surveiller la Session distante (partage d'écran uniquement) ou « **Contrôler** » si vous souhaitez intervenir sur la Session distante :

  o **Note :** nous allons dans un premier temps demander la surveillance de la Session distante

-   La demande de surveillance apparaît sur la Session de l'utilisateur distant :

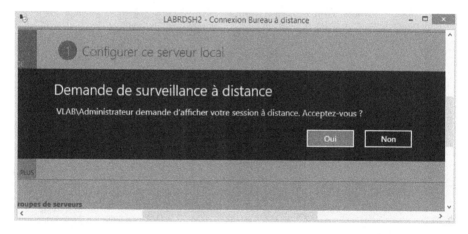

-   Une fois acceptée, vous pouvez commencer à surveiller la Session Bureau à distance de votre utilisateur RDS et prendre connaissance de toutes les opérations réalisées par ce dernier.

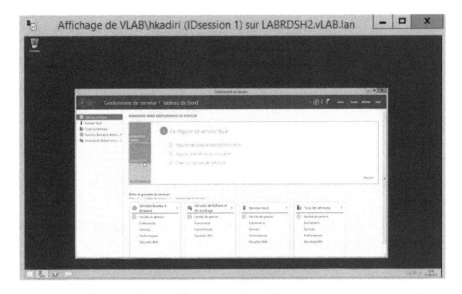

- Si vous demandez le contrôle de la session distante, l'utilisateur RDS reçoit la demande suivante :

- Une fois acceptée, vous prenez le contrôle de la Session Bureau à distance, vous pouvez donc manipuler et opérer comme si vous étiez connecté d'une manière interactive.

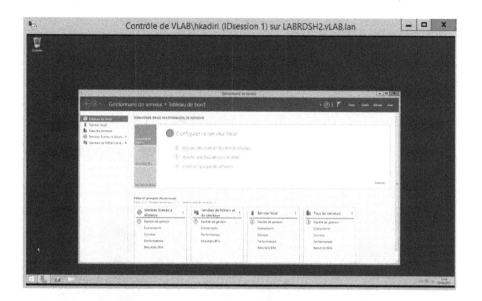

Surveiller ou Contrôler une Session RDS avec l'outil MSTSC.exe

L'outil MSTSC peut également être utilisé pour surveiller et contrôler les Sessions Bureau à distance.

Vous devez en revanche collecter des informations sur la session distante et connaître au moins son ID pour pouvoir la surveiller ou contrôler via l'outil MSTSC.exe, pour ce faire :

- Lancez l'Invite de commande (cmd.exe) ou Windows PowerShell en tant qu'Administrateur et saisissez la commande suivante pour lister les Sessions actives sur un serveur RDSH donné (LABRDSH2 dans l'exemple suivant) :

QUERY SESSION /SERVER:LABRDSH2

- Comme illustré dans l'image ci-après, la session de l'utilisateur hkadiri porte l'ID 1, pour surveiller cette session, il suffit de lancer la commande suivante en spécifiant le serveur RDSH qui héberge la Session et l'ID de celle-ci :

MSTSC /V:LABRDSH2 /SHADOW:1

- Pour contrôler cette fois-ci la session, le paramètre /CONTROL doit être spécifié après le paramètre /SHADOW, la commande à utiliser est donc :

MSTSC /V:LABRDSH2 /SHADOW:1 /CONTROL

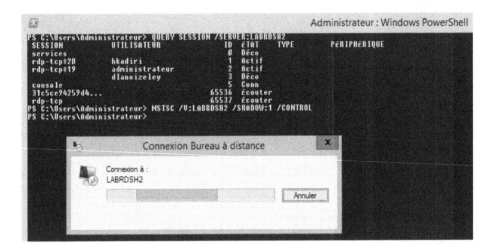

Utiliser un outil d'enregistrement vidéo de Session Bureau à distance

Une nouvelle solution de sécurisation et monitoring des environnements TSE /RDS a vu le jour ces dernières années, il s'agit d'une technologie de recording video de Sessions Bureau à distance.

Grace à ce logiciel d'enregistrement de données RDP, vous pouvez désormais capturer et enregistrer (sous format Vidéo) toute les opérations effectuées par vos utilisateurs Bureau à distance.

Aujourd'hui, les entreprises (de toutes tailles) sont de plus en plus intéressées par ce type de solution.

Ci-après une liste « TOP 3 » des produits qui existent aujourd'hui sur le marché :

Produit /Fonctionnalité	Editeur
TSRecord	TSFactory
Session Video Recording	TechInLine
Secret Server (fonctionnalité Session Recording)	ThyCotic

Personnellement j'utilise et préconise à mes clients TSRecord car il est simple d'utilisation et reste l'outil le plus complet au niveau des options et fonctionnalités à mettre en place.

Dans l'exemple suivant, la session RDS de l'utilisateur **« vLAB\jdeo »** a été enregistrée. Après avoir visionné l'enregistrement vidéo, j'ai constaté que cet utilisateur RDS a essayé d'accéder à un outil ou une Application Windows dont il ne dispose pas des droits d'accès :

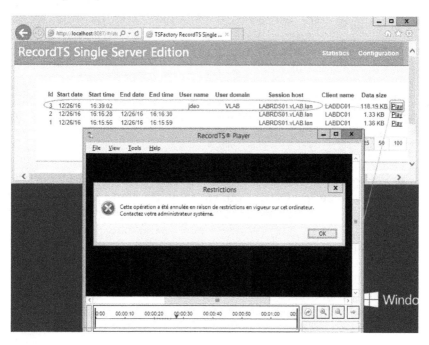

Chapitre 3. Utiliser une Passerelle RDS (RDG)

Sécuriser l'accès depuis l'extérieur

La mise en place d'une Passerelle RDS (**RDG** : **R**emote **D**esktop **G**ateway) devient vite primordiale si votre infrastructure RDS doit être accessible depuis l'extérieur, par exemple à des utilisateurs externes tels que :

- ➡ Télétravailleurs
- ➡ Fournisseurs
- ➡ Clients
- ➡ Partenaires
- ➡ D'autres sites & filiales
- ➡ …

Il est fortement déconseillé d'exposer les serveurs RDSH et/ou RDVH à Internet en autorisant les communications en direct sur le port TCP 3389 entre utilisateurs externes et la ferme de serveurs RDS interne, cela représente une vulnérabilité importante (cf sous-chapitre : Modifier le port RDP par défaut 3389 TCP).

Cette dernière est d'ailleurs détectée et remontée par la plus part des outils d'audit de sécurité et notamment les outils de « **PenTest** : **Pen**etration **Test** ».

A l'aide de <u>Stratégies d'autorisation de Connexions et d'Accès aux ressources</u> (Stratégies CAP & RAP), la Passerelle RDS, souvent placée en DMZ, vous permet de protéger et d'isoler les ressources internes (Programmes RemoteApp, Bureaux Windows ou Virtuels) situées sur le réseau local, et ce en vérifiant les informations d'authentifications communiquées par l'utilisateur externe lors de l'établissement de la connexion Bureau à distance et son appartenance au groupe d'utilisateurs défini sur la stratégie d'autorisation d'accès aux ressources.

En outre, La Passerelle RDS étant basée sur un serveur Web (Microsoft IIS) et nécessitant l'utilisation d'un certificat SSL, les échanges avec les clients distants sont encryptées et les données RDP sont encapsulées dans un canal sécurisé HTTPS, par conséquent le seul flux à ouvrir entre le Pare-feu (physique) de votre entreprise et le réseau externe (comprenant tous les sites distants) est le HTTPS (Port 443). Cela permet d'éviter l'ouverture de flux RDP et minimiser la surface d'attaque au niveau de votre S.I

La Passerelle RDS doit être placée sur le réseau DMZ. Pour permettre l'accès aux utilisateurs des différents sites distants, seul le flux 443 est à ouvrir. Voir le schéma ci-après

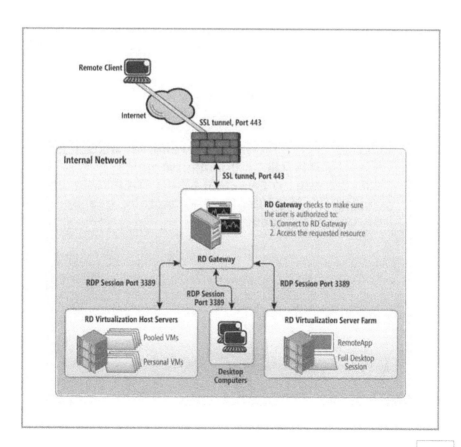

Création des Stratégies CAP et RAP

Pour sécuriser les connexions Bureau à distance provenant de l'extérieur, des stratégies **CAP** (**C**onnection **A**uthorization **P**olicies) et **RAP** (**R**esource **A**uthorization **P**olicies) doivent être mises en place.

Les stratégies CAP et RAP peuvent être créés à l'aide de plusieurs outils :

- ⮡ Gestionnaire de Passerelle des Services Bureau à distance (outil **TSGateway.msc**)
- ⮡ Windows PowerShell (via l'utilisation du module PS : **RemoteDesktop**)

Installation de la Passerelle RDS 2012 R2

Suivez les instructions suivantes pour déployer correctement la Passerelle RDS :

- Ouvrez une Session Windows sur le serveur depuis lequel vous gérez votre déploiement RDS
- Lancez le Gestionnaire de Serveur
- Cliquez sur « **Services Bureau à distance** » et ensuite sur le volet « **Vue d'ensemble** »
- Sous « **VUE D'ENSEMBLE DU DEPLOIEMENT** », cliquez sur le bouton **+** « **Passerelle des Services Bureau à distance** »

- Sélectionnez et ajoutez le serveur (Physique ou Virtuel) sur lequel la Passerelle RDS sera déployée et cliquez ensuite sur « **Suivant** » pour continuer. Dans l'exemple suivant le serveur LABRDG1.vLAB.lan sera ajouté :

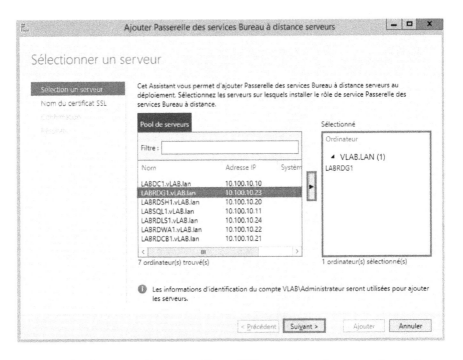

- L'utilisation d'un certificat SSL représente un prérequis pour le déploiement de la Passerelle RDS, l'assistant d'Ajout de la Passerelle RDS permet de générer un certificat SSL « **Auto-signé** » lors du déploiement, il suffit donc de renseigner le nom « **commun** » du certificat pour pouvoir installer la Passerelle RDS, étant donné qu'un seul serveur RDG existe, le nom du certificat SSL portera le même nom (FQDN) que celui-ci :

Si vous utilisez une ferme de serveurs RDG (Cluster RDG), le nom « commun » du certificat SSL doit correspondre au nom FQDN de cette ferme.

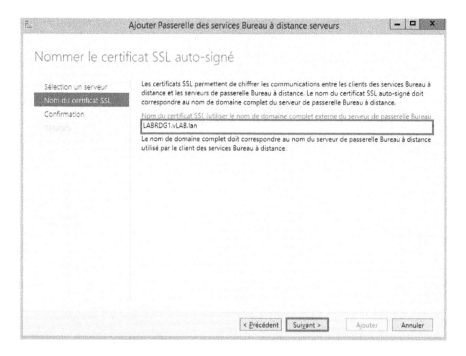

- Vérifiez les informations et cliquez sur « **Ajouter** » :

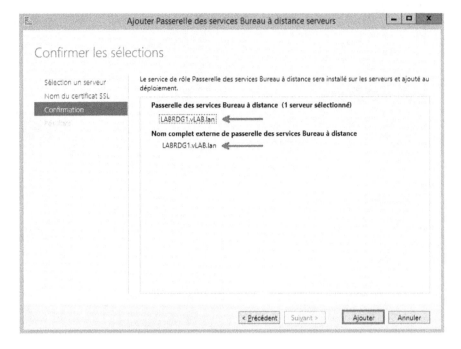

- Vérifiez que l'état d'installation est passé à « **Réussi** » et cliquez sur « **Fermer** » pour fermer l'assistant :

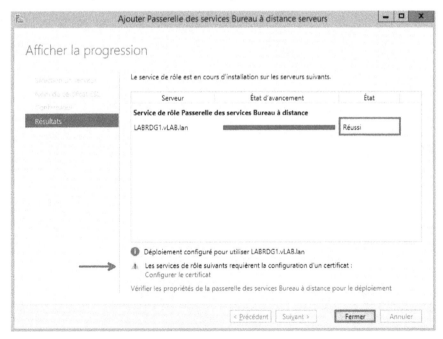

- Une nouvelle console de gestion de la Passerelle RDS est désormais disponible et présente dans l'Interface UI, il s'agit de l'outil « **Gestionnaire de la Passerelle des Services Bureau à distance** » :

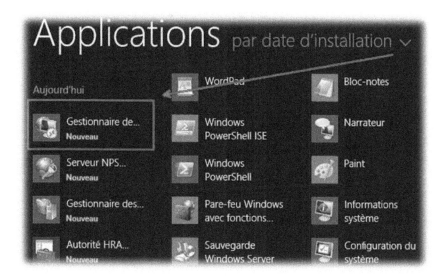

Toute la gestion et administration de la Passerelle RDS se fait via l'outil « **Gestionnaire de la Passerelle RDS** », notez que celui-ci est inclut dans les outils **RSAT** (**R**emote **S**erver **A**dministration **T**ools) et peut être installé sur n'importe quelle machine cliente d'Administration pour gérer et administrer votre Passerelle RDS à distance, le gestionnaire de Passerelle RDS ressemble à l'image ci-après :

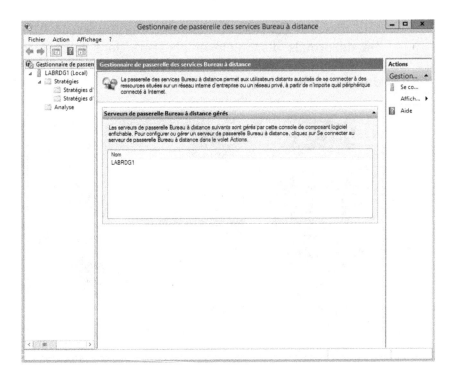

Tâches post-installation de la Passerelle RDS

Après déploiement de la Passerelle RDS, deux stratégies sont créées par défaut, développez et naviguez à **Nom_Serveur\Stratégies\Stratégies d'autorisation des connexions** et vérifier l'existence de la première stratégie nommée « **RDG_CAP_AllUsers** » :

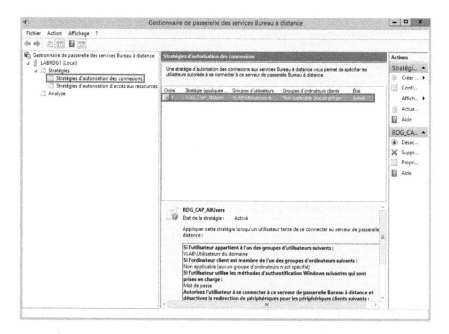

Cette stratégie d'autorisation RDG autorise par défaut « tous les utilisateurs du domaine », nous allons éditez ses propriétés pour changer son nom par un autre plus significatif et définir le groupe AD « **UtilisateursRDS** » pour autoriser uniquement les utilisateurs qui en font partie, faites un clic-droit sur la Stratégie « **RDG_CAP_AllUsers** », sélectionnez « **Propriétés** » et remplacez le nom généré par défaut par « **RDG_CAP_UtilisateursRDS** » :

Rendez-vous sur l'onglet « **Configuration requise** » et cliquez sur « **Ajouter un groupe...** », enfin localisez et sélectionnez le groupe « **UtilisateursRDS** » (groupe de sécurité AD que devez créer au préalable) :

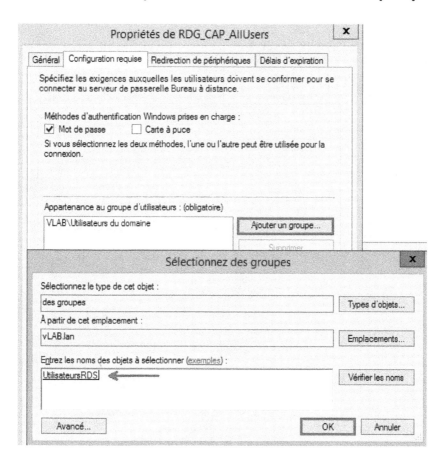

Maintenant, sélectionnez et supprimez le groupe par défaut « **Utilisateurs du domaine** » :

Sous l'onglet « **Redirection de périphériques** », vous pouvez configurer les périphériques et ressources locales à rediriger, si la redirection est activée pour tous les périphériques, les restrictions définies au niveau de la Collection ou GPO seront appliquées :

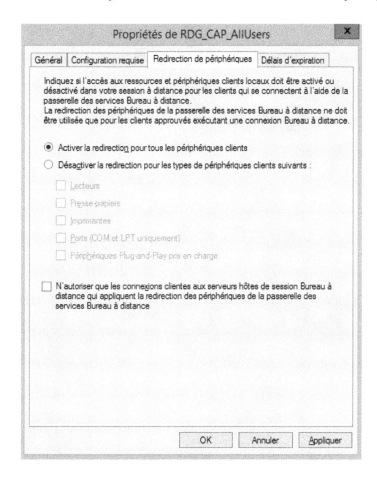

Enfin, l'onglet « **Détails d'expiration** » vous permet de définir les délais d'inactivité et expiration des sessions ainsi que les actions à effectuer le cas échéant.

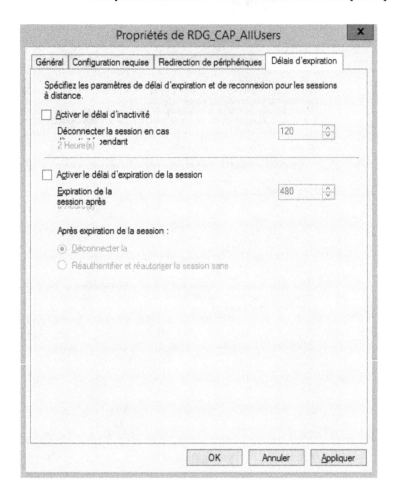

Maintenant que nous avons personnalisé la stratégie CAP, cliquez sur « **Stratégies d'autorisation d'accès aux ressources** » et vérifiez l'existence de la stratégie RAP par défaut « **RDG_ALLDomainComputers** »

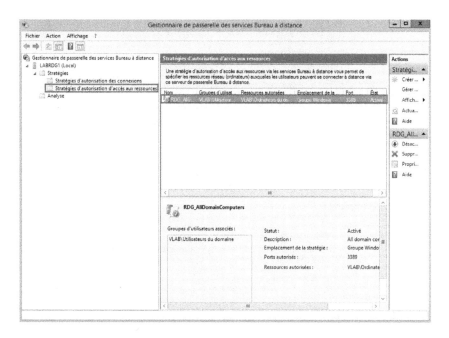

Editez ses propriétés de la même manière que la stratégie CAP et remplacez le nom par défaut par « **RDS_ServeursRDS** » :

Spécifiez le groupe d'utilisateurs AD « **UtilisateursRDS** » sous l'onglet « **Groupes d'utilisateurs** », supprimez ensuite le groupe par défaut « **Utilisateurs du domaine** » :

Créez par exemple un groupe de sécurité AD que vous nommerez « **ServeursRDS** » et auquel vous ajoutez vos serveurs RDSH, rendez-vous ensuite sur l'onglet « **Ressource réseau** », cliquez sur « **Parcourir** » et sélectionnez le groupe « **ServeursRDS** » créé précédemment

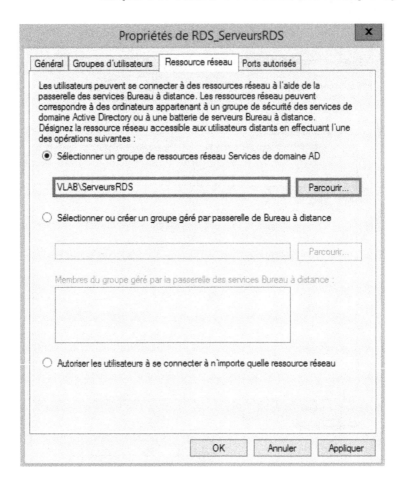

Si nécessaire, vous pouvez spécifier plusieurs ports à utiliser sous l'onglet « **Ports autorisés** », si vos serveurs RDSH écoutent sur un port autre que le TCP 3389, vous devez le renseigner au niveau de cet onglet :

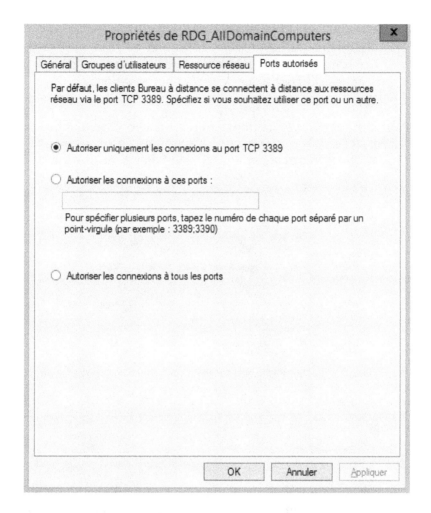

 Si vous déployez la Passerelle RDS via l'assistant « Ajout de rôles et de fonctionnalités », les deux stratégies CAP & RAP par défaut ne sont pas créées.

La Passerelle RDS inclut un mode de configuration avancé vous permettant de configurer :

➡️La limite du nombre de Connexions simultanées autorisées

➡️Visualiser, importer ou créer un certificat SSL

➡️Modifier les paramètres réseau et de transport http

➡️Auditer les événements : connexion, déconnexion, échec de connexion, échec d'autorisation...

Pour accéder à ces options, faites un clic droit sur le nœud parent (nom du serveur) et sélectionnez « **Propriétés** » ou cliquez sur « **Propriétés** » depuis le volet « **Actions** » :

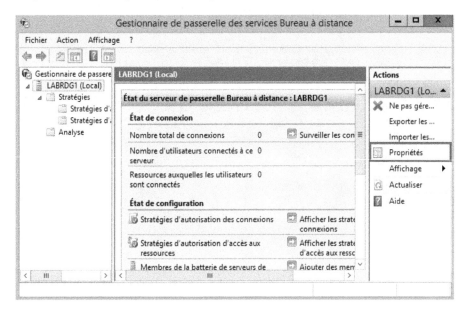

L'onglet « **Général** » vous permet de configurer le nombre maximal de connexion autorisée, celui-ci doit correspondre au nombre d'utilisateurs externes devant se connecter à l'infrastructure RDS via la Passerelle RDS (100 connexions externes dans l'exemple suivant) :

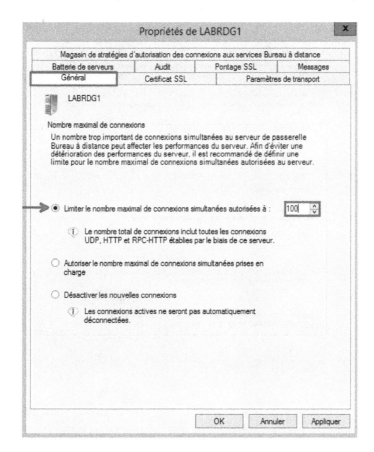

L'onglet « **Certificat SSL** » vous permet de visualiser le certificat SSL utilisé ainsi que sa date d'expiration, vous pouvez à tout moment en importer un autre provenant d'une autre source (e.i PKI interne ou externe) ou en créer un nouveau de type « **Auto-signé** » :

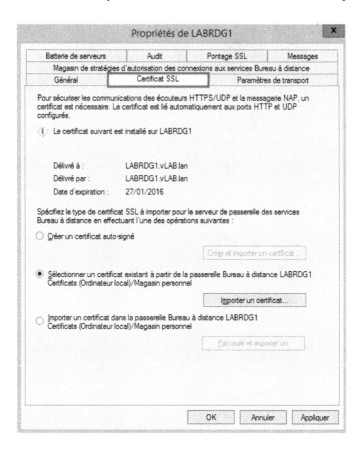

Les paramètres réseaux et de transport HTTP et UDP peuvent être configurés depuis l'onglet « **Paramètres de transport** », dans un environnement de production, la Passerelle RDG étant exposée au réseau externe, elle dispose généralement de deux cartes réseaux (NIC : Network Interface Adapter), le transport HTTP doit utiliser l'IP de la carte Public et UDP celle de la carte Interne :

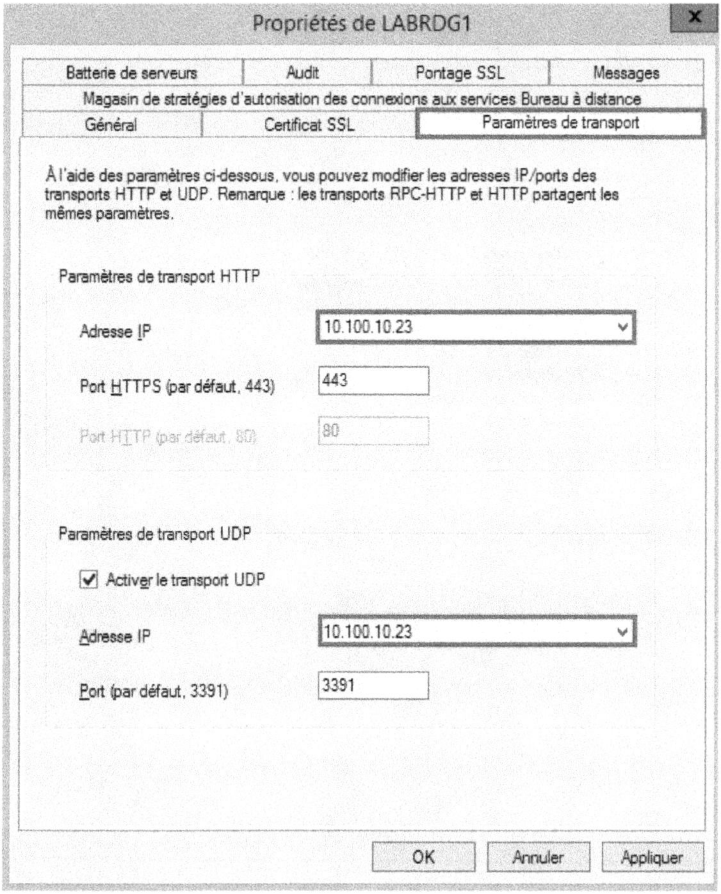

Propriétés de LABRDG1 [X]

Batterie de serveurs	Audit	Pontage SSL	Messages

Magasin de stratégies d'autorisation des connexions aux services Bureau à distance

Général	Certificat SSL	Paramètres de transport

À l'aide des paramètres ci-dessous, vous pouvez modifier les adresses IP/ports des transports HTTP et UDP. Remarque : les transports RPC-HTTP et HTTP partagent les mêmes paramètres.

Paramètres de transport HTTP

Adresse IP   10.100.10.23 ▼

Port HTTPS (par défaut, 443)   443

Port HTTP (par défaut, 80)   80

Paramètres de transport UDP

☑ Activer le transport UDP

Adresse IP   10.100.10.23 ▼

Port (par défaut, 3391)   3391

[OK]   [Annuler]   [Appliquer]

Vous pouvez également auditer les connexions, déconnexions, autorisations (réseau et ressources)... via l'onglet « **Audit** », par défaut toutes les opérations effectuées sur la Passerelle RDS sont auditées :

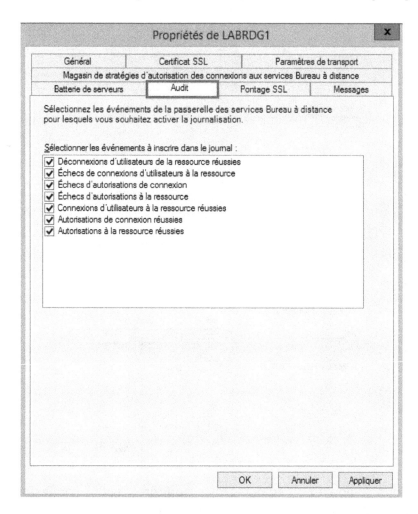

En outre, vous pouvez configurer un message système à afficher sur les sessions des utilisateurs distants depuis l'onglet « **Messages** », cela devient pratique si vous êtes amenés à informer vos utilisateurs distants d'une maintenance prévue sur la ferme de serveurs RDS du déploiement (e.g : arrêt de production !). Vous pouvez également définir une heure de début et une heure de fin d'affichage du message.

Un message d'ouverture de session peut également être activé, vous devez en revanche saisir le texte à afficher dans un fichier texte (.txt) et l'ajouter en cliquant sur le bouton « **Parcourir** », enfin le bouton « **Aperçu...** » vous permet d'avoir un aperçu de votre message sur la Session distante.

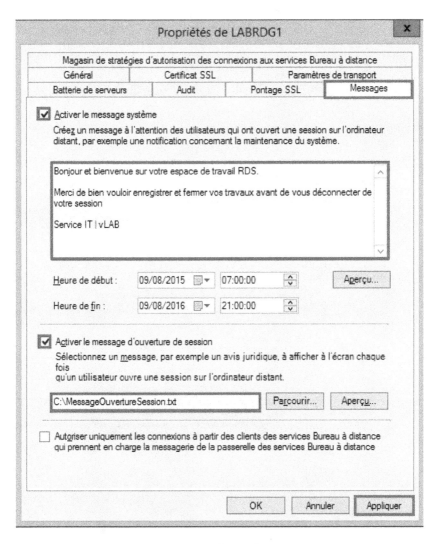

Pour finir, notez qu'une fois déployée, la Passerelle RDS doit être spécifiée au niveau du déploiement RDS pour authentifier et autoriser les utilisateurs Bureaux à distance avant de les rediriger vers les ressources publiées.

Pour ce faire, éditez les Propriétés du déploiement RDS depuis **TÂCHES** sous **VUE D'ENSEMBLE DU DEPLOIEMENT** et cliquez sur **Passerelle des Services Bureau à distance**, enfin cochez « **Utiliser le serveur de Passerelle..** » et spécifiez la Passerelle RDS : **LABRDG1.vLAB**.lan dans notre cas

Pour pouvoir tester votre Passerelle RDS en local, décochez la case « Ignorer le serveur de Passerelle des services Bureau à distance pour les adresses locales »

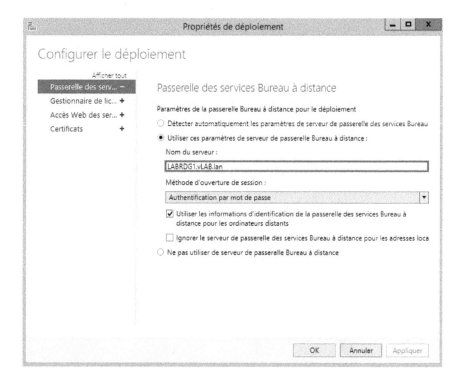

Chapitre 4. Transformer vos serveurs RDS en mode « Core »

Plusieurs services de rôles RDS peuvent être hébergés et exécutés sur un Windows Server 2012 et 2012 R2 en mode « **Core** ».

Le tableau ci-après liste les services de rôles supportés sur Windows Server 2012 et 2012 R2 en mode Core :

Service de rôle RDS	Supporté sur Server Core
RDCB	
RDLS	
RDSH	
RDVH	
RDWA	
RDG	

 : pris en charge | : non pris en charge

Pour en savoir plus sur la liste complète des rôles et fonctionnalités disponibles sur Windows Server Core 2012 et 2012 R2, consultez cet article : http://urlz.fr/4obD

En outre, Windows Server 2012 R2 « Core » prend en charge tous les agents (graphiques) de Monitoring, Antivirus, Sauvegarde ou encore Sécurité (Encryption de Disk /Files). Vous pouvez donc continuer à inclure vos serveurs RDS en mode Core dans le périmètre de vos solutions d'infrastructures existantes, et ce sans aucun impact.

Chapitre 4. Transformer vos serveurs RDS en mode « Core »

Pensez à privilégier l'utilisation du more « Core » pour vos serveurs Brokers (RDCB) et de Licences (RDLS).

Les serveurs RDCB et RDLS peuvent exécuter Windows Server 2012 R2 en mode « Core ». les autres services de rôles ne sont pas pris en charge par ce type d'installation.

Chapitre 5. Autres « Best Practices »

Client RDC (Remote Desktop Connection)

Indépendamment du système d'exploitation, si le client Microsoft RDC est utilisé (outil : MSTSC.exe), la première recommandation est de le mettre à jour afin de disposer de la dernière version (actuellement la version 10.0 : fournie avec Windows 10 et Windows Server 2016) :

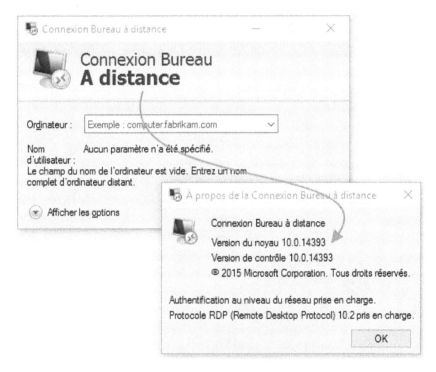

Ceci permet par exemple sur un Windows XP SP3 de bénéficier nativement de TLS pour protéger les sessions RDP mais aussi de profiter d'amélioration d'ergonomie et de corrections de Bugs.

Mise en place d'une PKI

La solution RDS ainsi que tous ses services et composants associés prennent en charge l'authentification forte : Authentification par carte à puce /Smart Card

Si vous disposez d'une infrastructure PKI existante, vous pouvez l'utiliser pour créer et configurer les certificats requis pour les serveurs et clients RDS.

Pensez en revanche à bien rediriger la ressource « **carte à puce** » depuis le client RDC vers la session Bureau à distance pour pouvoir authentifier vos utilisateurs via leur carte à puce.

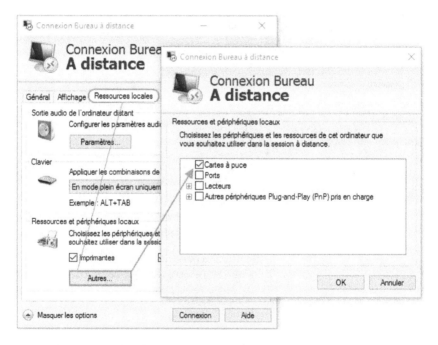

Pour forcer la redirection de la carte à puce (autrement le Driver du lecteur de la carte à puce), éditez les propriétés de votre Collection RDS > Paramètres du client > Cocher « Cartes à puce »

Utiliser IPSec

IPSec est nativement intégré aux OS Windows depuis la version 2000, il peut être utilisé pour protéger le traffic réseau lié au protocole RDP. L'utilisation d'IPSec permet l'authentification mutuelle par certificat du client et du serveur lors de la négociation IKE initiale.

La mise en oeuvre d'une telle architecture nécessite néanmoins la création d'une PKI pour supporter la génération des certificats client et serveur.

Référez-vous à la KB suivante pour en savoir plus :

https://technet.microsoft.com/fr-
fr/library/cc730656(v=ws.11).aspx

Un eBook sur la conception et implémentation d'une infrastructure IPSec sous Windows Server 2012 R2 sera bientôt disponible sur BecomeITExpert.com, so stay in touch ☺.

Changer les pratiques d'administration

**« Un autre moyen pour sécuriser RDP
est de ne pas l'utiliser ! »**

De manière générale, les Admins IT utilisent RDP afin d'ouvrir une session Bureau à distance sur un serveur dans le but d'utiliser les outils d'administration installés localement sur le serveur. Or certains services peuvent être administrés à distance et pas nécessairement depuis le serveur sur lequel ils s'exécutent. Dans ce cas, la méthode consiste à utiliser des outils d'administration depuis un système distant dédié.

C'est en particulier le cas pour les services Microsoft dont la quasi-totalité est administrable à distance, généralement à l'aide du protocole **RPC** (**R**emote **P**rocedure **C**all)

Prenons l'exemple d'une infrastructure système Windows Server comprenant de multiples DC (Domain Controllers, DHCP Servers, DNS Servers, File Servers et Print Servers : si vous êtes amenés à gérer /administrer ces serveurs, il est recommandé de le faire via l'utilisation des Outils d'Administration de Serveur Distant (**RSAT** : **R**emote **S**erver **A**dministration **T**ools) plutôt que d'ouvrir une Session Bureau à distance par serveur.

Microsoft pousse d'ailleurs de plus en plus vers cette méthode d'administration à distance avec l'utilisation de mode "Core".
Enfin, Windows Powershell prend une part de plus en plus importante dans l'administration des services Microsoft via des services Web de type WinRM ou ADWS.

Les outils RSAT peuvent être installés sur un Serveur d'Administration ou un poste client d'Administration. Les binaires de ces outils sont fournis par défaut dans Windows Server 2012 et 2012 R2, quant au Windows Client, les sources d'installation sont à télécharger depuis le Centre de Téléchargement Microsoft.

Pour télécharger les RSAT pour Windows 7 (avec SP1) :
https://www.microsoft.com/fr-fr/download/details.aspx?id=7887

Pour télécharger les RSAT pour Windows 8.1 :
https://www.microsoft.com/fr-fr/download/details.aspx?id=39296

Pour télécharger les RSAT pour Windows 10 :
https://www.microsoft.com/fr-FR/download/details.aspx?id=45520

Pour installer les outils RSAT sur Windows Server 2012 R2, exécuter la commande suivante depuis Windows PowerShell :
Add-WindowsFeature RSAT

A propos de l'auteur

Hicham KADIRI est Architecte Spécialiste Infrastructures Microsoft. Il est Microsoft MVP (Microsoft Most Valuable Professional) Cloud and Datacenter Management et certifié Microsoft MCSA, MCSE, MCTS, MCITP et MCT.

Il est en charge de toutes les phases de mise en œuvre des infrastructures systèmes et Virtualisation : conception, maquettage, pilotage et déploiement. Il est aussi référent technique pour les clients grands comptes nationaux et/ou internationaux et participe à des projets d'envergure de migration et de rationalisation d'infrastructure.

Enfin, il transmet au lecteur, à travers ce livre, toute son expertise et retours d'expérience sur la sécurisation et durcissement d'une infrastructure RDS 2012 R2.

www.ingramcontent.com/pod-product-compliance
Lightning Source LLC
Chambersburg PA
CBHW071552080326
40690CB00056B/1805